JN411137

부탁해요 곡절 씨

김송포 시집

시인동네 시인선 061

김송포 시집

부탁해요 곡절 씨

시인동네

시인의 말

너를 보내고 난 뒤

나는 낯선 풍경이 될 것임을 직감하지만

그래도

사력을 다해 웃을 것이다.

2016년 여름 송도에서

김송포

차례

제2부

제3부

제4부

제1부

개기월식

조금씩 조금씩 당신의 심장을 갉아먹다가
나는 철이 들었다.

누군가는 그것을 지독한 사랑이라 했다.

악양

악양 야갸 아가갸
하동, 악양이라는 곳에 발을 디뎠다
누가 서러워 아갸아갸 울어대는지
무슨 설움 지키려 안간힘 썼는지

대봉이 방바닥까지 허리를 휘고 있는 악양
어미 등에 업혀 밖으로 나오고 싶어 안달하는
서너 살배기 아기처럼
아갸 아갸
코가 땅에 닿도록 고개 내밀어 머리를 떨구는 악양

그래 아갸에 어미와 아기가 있었구나

그 옛날,
아픈 기억이 떠오른다
선반에 올려놓은 대봉을 아기에게 주려고
발판 딛고 꺼내다가
미끄러져 상처가 생긴 어미가 있다

칭얼거리던 나 때문에 생긴 상처다
대봉을 먹을 때마다 나는 흉터를 우물거렸다

아강 아걍
땅에 코를 빠뜨리고 우는 아이가 악양에 있었다

어느 빈자(貧者)의 발바닥

호미로 땅을 긁어대자
뚱딴지 알맹이가 줄줄이 달려 나온다

어,
흙 속에서 헛소리들이 마구 터져 나오기 시작하네
이게 뭐지
거짓부렁이야
그동안 누르고 살아온 혹이
툭, 불거져 나온 거야
엉뚱하게 돼지가 먹어도 아깝지 않을 감자는
땅속에서 세상을 엿듣고 있었던 거야

여기저기 파고 또 파도 튀어나오는 구호가
공약 남발하듯 중얼거리고 있네
이 땅에 속고 속아 넘어간 사람은 말똥구리처럼 잘살고
개털로 웃겨야 하는 일이 많아
진실은 구덩이에서 꺼내고 거짓은 꽃으로 가려주고
수작은 걸레로 닦아야 해

어,

그런데 얼어붙지도 않고 모질게도 살아남은

이 끈끈한 생명력은 뭐지?

죄 없이 얼어맞은 어느 빈자(貧者)의 발바닥처럼

등나무 의자왕

거실 한쪽에서
이십칠 년 동안 주인을 받들었다
이리저리 몸 돌리다가 지쳐서 궁둥이 앉힐 때
푹신한 치마폭처럼 받아주었다
기름기 가실 때면 삐걱거리며 울부짖다가
풀을 먹여주면 다시 일어서곤 하였다
이십여 년 동안 이삿짐 차에 싣고 다니며 팔걸이가 되어주었다
옷을 세 번씩 갈아입히며 새것인 양 부려먹었다
등나무 고목도 수십 년이 되면 드러눕는다는데
이젠 닳아진 연골처럼 액이 모자라
거친 숨을 몰아쉬며 고비마다 위기를 맞는다
뻣뻣한 목은 한쪽을 응시한 채 흐릿하고
느슨해진 발목이 절룩거리고
등과 허리에선 비린내가 난다
터진 살갗 사이로 힘줄이 보이긴 하나
심지는 꿋꿋하여 오래 버틴 자국이 의연하다
수행하듯 물끄러미

찬불가를 부르며
시계 초침처럼 하루도 쉬지 않고 바퀴를 돌렸을까
어지러운 듯
무릎이 반질거리는 시절로 가서 왕을 다시 추켜세울 수 있을까
무심히
돌아앉아 등을 긁적이다 사라질

시신 헌정

히말라야 칸첸중가 팔천 미터 고지를 간다
죽은 대원 찾으러 간다
폭설이 나를 덮친다
바람이 운다
콧물이 얼고 기침이 얼어붙는다
먼저 간 동지는 아직도 눈 위에서 떨고 있다
폭풍이 몰아친다
한 발짝이 백 미터만큼 멀다

너는 어디에 있고
나는 어디에 있느냐
올라온 길 팔천 미터
내려갈 길 팔만 미터
눈이 눈을 덮고 바람이 바람을 덮는다
크레바스 아래
산소가 부족하다

히말라야 눈밭에 두 개의 점이 찍힌다

그대로 얼어붙는다
백 년이 지나간다
누군가 히말라야 칸첸중가에 간다
시신을 찾으러 오른다
동지가 죽었던 것처럼 내가 죽을 것처럼
그렇게 죽는다

히말라야는 시신을 먹고 자란다

곡절

반달이 나무를 안고 슬픔에 차 있다. 굽어보니 내 얼굴이고 멀어져 가는 당신 얼굴이다. 내가 아닌 당신이 저수지에 비친다. 달의 뿌리가 반만 물에 담가져 있다. 백만 년 동안 나무의 등만 바라보듯 곡선처럼 휘어져 다시 돌아오기를 꿈꾼다. 멀리 떨어져 바라보니 배를 내밀고 반만 돌아온다. 앞뒤를 다 보여줄 수 없어서 한쪽 그늘만 보여주고 사라진다. 물이 반만 차 있다. 그늘도 반만 기운다. 녹조를 띄우고 물에서 헤엄친다. 기울어 가는 달의 속이 뚫려 있다. 패인 나무속에 들어가 한쪽을 바라본다. 사라진 반달의 기억, 슬며시 멀어지다 건너온 당신, 물에 반만 비추고 돌아선 곡절이 내 안에 있다.

뒤깐

화엄사 뒷간 가서 오줌을 갈기네 매화도 갈기고 목련도 갈기고 사랑도 갈기네 하지만 살아 있는 것은 본질뿐이라네 물근처 철벅철벅 지퍼 열고 시원하게 내뿜는 적멸, 적멸이라니 기껏 절 뒷간에 앉아 풍경 소리나 더듣고 있다니 화엄에 오르면 화엄인가 적멸보다 화엄보다 뒷간 옆에 피는 꽃망울이 상좌승일 터

깐 뒤에 한번 보자 봄 같지 않은 너, 꽃 같지 않은 나, 바로 옆 뒤깐이란 말이 무색하게끔 사리와 보궁 뒤로 그간 배설하지 못한 열망, 가랑이 사이로 내뿜네

여보시게 봄 되면 얼음물 녹는다 하더니만 그간 참아 온 화산은 어떻게 처리하였소 한바탕 자지러지게 피어날 산수유가 화냥으로 변하여 환장할 노릇이었을까 나무들이 내 오줌을 받아서 나무들에게 쏟더니 다시 사막으로 갠지스 강으로 뿜어 올리네

회룡포 풀등

어머니가 돌아올 거라고 풀등에 앉아 멍하니 본다

육지를 떠돌다 온 풀이 숨을 쉰다
예를 다하여 절을 한다
선비의 걸음처럼 느릿느릿 뒷짐 지고 모래 위로 유유히 떠
오른다

수염을 쓰다듬고 기침하면서 바닥의 소리 흐느끼고
차오르는 슬픔을 거두기엔 물은 따스하고

발바닥에 들러붙지 않는 모래가 떠밀려 운다
세파에 휩쓸려 풀 오른 독이
곱사등이처럼 부풀어 있다

가서 쓰다듬을 수도 없다 살랑거리는 냄새 맡을 뿐,
고요히 숨죽여 우는 딸의 소리 들리는지

뽕다리 아래,

두루미가 위아래 번갈아가며 입질해 보지만
어미는 좀처럼 입을 열지 않는다

갇힌 사연의 전설은 듣지 않으련다

저 한의 봉분,
풀등

수첩

손을 뻗쳐 비밀의 다락방으로 들어가 보니 밀알이 숨어 문을 잠가놓고 있다
어둠을 식히지 않았고 따뜻한 밥이 아랫목에서 숨을 고르고 있다

날개는 한쪽 팔을 잃어 심장 소리 나직이 들리고 사연을 마시다 잠이 든 연가도 흘러나온다 어미 찾아 여행을 떠나고 천장에 납작 엎드려 바닥에 웅크리고 잠을 자던 해안에서 숨을 쉰다

빛바랜 달력에 동그라미 치던 이자 날,
독촉하던 일수 집 아주머니 지금은 어디에 계실까

고양이가 발가락 물어뜯으며 핥던 신발은 주인을 잃고 집 안에서 흔적을 찾던 벽장 속에서 하품한다

기억은 물고 떠나가서 강을 헤엄친다

지워도 지워지지 않고 태워도 태워지지 않는 그 시절,

언제까지 밤에 머물 것인가 언제까지 객지를 떠돌아다닐 것인가

이름은 태양을 전전하다 명왕성까지 떠돌다 머물 것이라던

가을 엿

엿이 가을을 물고 늘어졌다

좌판에 엿이 윤기를 내며 기다랗게 놓여 있다 어릴 적 학교 앞에서 쭈그리고 앉아 붕어 모양, 새 모양, 삼각형 띠기를 손으로 조금씩 떼어 먹던 시절이 왔다

달달한 맛이 그 자리를 좇아 다니며 빨던 손가락이 왔다 동전 몇 개 쥐고 주머니 찰랑거리던 가을볕의 기억을 먹었다

골목에서 가위 소리 크게 내어 엿을 팔던 구성진 목소리가 개구쟁이 불러냈다 쇠붙이 들고 나가자 기다란 엿이 손에 쥐어졌다

입안에서 끈적이며 오래 씹을수록 끈끈한 엿이 굴러다녔다 같이 놀던 친구와 골목에서 땅따먹기 하던 엿가락이 평창 보리밥집에서 웃고 있다

저기요 엿 드실래요?

엿 먹으라고 한 것 아니죠
엿 먹어라 손가락질하는 것 아니죠

연밥 사이에서 피어난

나는 가장 어두운 진흙에서 태어났어
보호받은 시절은 찬란했어
나의 음침한 시절,
탯줄은 이미 끊어지고 물갈퀴 저어 구멍 밖으로 나가려 했지
나의 존재는 어머니 가시고 희미해지기 시작했어
햇발이 아래를 훑고 지나가면 몰랐던 아픔을 느끼곤 했지
결핍으로 구멍 난 글을 밥술에 펴 올릴 때
까만 구덩이에서 황홀한 외침을 할 때
우산을 받쳐주던 당신이 있어 통증은 가라앉기 시작했어
아직도 발을 굴러야 하는 것 알아
나의 정맥이 뛰고 있다는 것 만져봐야 알겠어
풀잎 사이로 진흙에서 울리는 아우성 들어줄 수 있어
슬쩍 건드리기만 해도 질척이며 고인 물,
흙무덤 밀쳐내고 봉긋하게 올라와 있는 장관을 봐
어미의 무덤에 벌써 꽃이 피었다고
저 아래 질긴 연의 고리를 끊을 수 있겠어
무수한 뿌리가 엉겨 있어도 하나로 피어난 외줄 타기
구멍 사이로 숭숭 패인 어머니를 먹고 말았지

검은 안경

안마사가 걸어가고 있다 잡으려고 따라가 보니 어둠에서 지폐를 까먹고 있다 닳도록 보아야 할 사람을 잃고 까만 절망의 기억을 집어 든다

아침에 햇살로 걸어 나와 울룩불룩 솟아 있는 노란 보도 위를 걷는다 걷기 불편하다 주저하며 직각의 안내를 따라 열차의 곡선을 탄다 철로를 좇다가 멈추고 돌아본 것은 등 뒤의 싸늘한 사람들의 재촉이다

재촉하면 할수록 발걸음은 먼지가 되어 길을 잃는다 어둠에서는 응시하는 일이 많아지고 솟아오르는 해를 다독이며 잊어야 할 것들 뒤로 한 채 밖으로는 지팡이를 견주고 산다

저수지의 고정관념

저수지가 고독할까요 둘이 걸어도 셋이 걸어도 물밑은 들썩이네요 걸어가는 중에 전화가 울려요 어떻게 하면 사과를 잘 썰까 고민 중이네요 사과가 무엇이냐고요? 글쎄요 독백 배설 치유 반성일까요 권력이라고요 야망이라고요 공화국이라고요 그동안 먹어치운 사과가 토할 것 같아 신물이 올라온다고요 그동안 먹어왔던 것들 죽여야 하나 봐요 거짓으로 썬 사과들은 가짜래요 이미지고 상징이고 비유고 다 필요 없대요. 눈앞에 보이는 현상만이 존재하는 거래요

혹,

뮤즈의 신이 찾아온다면 껍질 까먹는 소리 할까요 추워서 못 먹겠어요 씨는 많고 사과는 거짓말이에요 저수지에 뛰어드니 팬티에서 냄새가 나요 팬티를 적시지 않고 입을 수 있을까요 씨가 죽어야 물이 발칵 뒤집어질까요 씨방의 언어들 찌꺼기들 덩어리들 저수지에 빠뜨리고 갈까요 사과는 죽고 물고기는 살아야 저수지가 깨어날까요 관념에 젖은 저수지에 치어들이 다시 몰려들기 시작하네요

한랭 두드러기를 만난 아침

우린 정녕 만나서는 안 되는 활화산인 걸 모르니? 뜨거운 산에서 차가운 골짜기로 넘어가는 순간 너는 나에게 뺨을 후려쳤어. 너와 내가 부딪쳐 체위가 뜨거워지자 지나가던 눈발이 우리를 갈라놓았지. 웃옷을 벗고 홑겹만 걸치고 그간의 경로를 사진으로 보았지. 너의 입김이 몸을 녹이자 사방에 흩어져 있던 독이 전신에 퍼졌어. 가슴을 타고 배꼽을 지나 밑까지 너의 손길이 뜨거웠어. 살 속으로 번지던 너의 불길, 가라앉힐 때 되지 않았니? 내 안에 품고 가야 할 연민이라면 부풀어 올라도 참아야지. 열리지 않던 심장이라면 두드리지 말아야지. 그동안 엉켜 있던 너와 나의 폭발이 휴화산이길 빌어야지 왜 자꾸 불을 지르니?

하루가 재수다

쇠창살에 걸려든 새를 본다
그는 죽음을 예견한 것도 내일이 없다는 것도 아마 몰랐을 것이다
촘촘한 창살에 목이 걸려 죽음을 맞이한 그가
차마 나였으리라고 믿지 않는다
아니다, 나였는지도 모른다
내 뜨거운 피는 바다 속보다 더 푸를 것이고 팽팽히 맞설 것이고
마이크 앞에서 능청스럽게 말을 이어갈 것이고 홍얼거릴 것이고 발을 구를 것이다

잿빛 공중에서 재수 옴 붙듯 새가 걸릴 줄 누가 알았겠는가
빨판상어의 등지느러미처럼 바닥에 붙어
재수는 사이사이 나를 피해갈 것이다
하루하루 달걀 안에서 둥글게 굴러갈 것이라는 기대,
새의 종말이 내가 아니었으면 하는 막연한 바램으로
나는 나의 얼굴을 감추고 산다

새는 내가 아니다 나는 새가 아니다
너의 운명에 나를 빗대기 싫은 어쭙잖은 연민에 사진을 찍어놓고
우렁이 속에도 집이 있다고
어리석은 생각으로 짐짓 딴청을 피우고 있다

그리움이 벽이다

북촌마을 골목은 서로 닮아 있다
벽과 벽 사이 대문만 아니라면
다 한집인 줄 알겠다
오래된 그리움이 사는 까닭이다

딱 저만큼의 높이로 갈라서 있고 싶은 사람이 있었다
그리움은 그러니까 벽을 갖는 일이다 보일락 말락 아슬한 경계로 눈빛 오가는 일이다 가난을 모르던 골목길에 땅속 깊이 나는 거울을 묻어놓았다 우물 속에 별도 은하도 허리를 꺾고 부르던 노래도 다 묻어놓았다 구들장 안의 정지에서 밥을 짓던 불빛이 새어 나온다

어머니가 골목에서 소녀를 부른다 그만 놀고 들어와 밥 먹어야지 종갓집 맏며느리의 곡소리가 담장 주름 사이로 흘러나온다 돌아가신 할머니의 진지 삼년상을 올린 가락이 휘어진다 담벼락을 돌아 귀퉁이로 가면 애인은 부엉이 흉내를 낸다 밤마다 소리는 창을 넘고 천변을 타고 자전거 바퀴를 따라가고

꽃과 새들이 음표를 달아 통과하는 도돌이표처럼 굽는 길

제2부

우러나오는 것

선암사에 가 보았건만 다가온 것은 아무것도 없네 아치형의 다리 하나 오래되었다는 것 외엔 별스런 것 없네 고목 몇 그루 검게 그을려 숨 가쁘게 목숨 부지한 것 외에 없네 딱 하나 와송이라고, 누워 있는 저것이 불상도 아니고 별을 보는 천문대도 아닌 것이 세상의 삐딱한 것을 보고 간섭하고 있네 어느 것 하나 성성하게 익어가는 것 되지 못한다 해도 너만은 삐뚜로 살지 말라네 나도 삐딱하게 뉴스도 보고 딴짓도 하고 껄렁거리고 싶은데 소나무가 먼저 세상을 다 지고 누워서 착한 척, 얌전한 척, 바보인 척하지 말라 지적하네 나비도 아닌 것이 돌도 아닌 것이 세상 물정 모르는 나를 받치고 누워 땅을 받들라네 겸손을 받들라네 불상을 받들라 하네

물방울 여자

강렬하게 밀고 오는 남자를 탐하기로 한다
가진 것도 줄 것도 없는 여자
돈이 없어 달려갈 궁리를 못하다가
덥석 가방에 세면도구를 싣고 가 보았지
귀머거리에 벙어리인 여자가
플리트비체 폭포에 넋을 잃고 우산을 쓰더군
대륙에서 기이한 이상향을 발견했다고 좋아했지
시원하게 뿜는 폭포가 절벽에서 낭떠러지로
거름망 없이 쏟아지자
여자는 더 움츠렸어
내가 언제 너에게 미친 듯이 좋아한다고 뛰어갔었니
머뭇거리다가 그저 떨어지는 빗물 받아먹었지
폭포수처럼 달려드는 너의 질주를 받아들일 자신이 없어
처음 생경한 고백을 듣는 순간,
뿌리가 흔들렸어
모른 척 단순했지만 너는 자연 물소리의 일부라는 걸 비쳤지
언제 그랬냐는 듯 합쳐지다 빠져나간
너는 플리트비체 같은 물줄기,

너는 길고 웅장하나
나는 작고 부서지는 걸 두려워하는 물방울

주어와 술어의 관계

개가 고양이를 고수부지에 빠뜨렸어
물속에서 허우적거렸지
혈관에 피가 차 있어야 지나가는 달이 보인다는데
너는 가까워지다가 멀어졌어
관계는 변하는 것
오면 오고 가면 가고
소소한 풍경 따라 걸어가는 갈대숲처럼
달은 한강을 지나가면서
빈 의자 남겨두었지
이번엔 고양이가 개를 달에 빠뜨렸어
달 속에 고양이 하나 슬쩍 끼워 넣으면 될 것을
늙어가는 것이 서럽다던 개가 사진을 구겨버리고
깊은 산골에 홀로 짖으며 넉살맞게 웃고 있더군
어느 날, 너와 내가 손잡고
핫팩을 가지고 다니며 주머니에서 터트릴 그날이 있겠지
영원은 거짓이고 관계는 과정일 뿐이다
과정 끝에 비석이 세워진다면
비석은 죽지 않을 것이다

시간이 더할수록 단단해질 것이다
욕망의 옷을 벗고
병에 빨대를 꽂고
지루하게 밀고 당기던 과거의 얼룩을 지워가자
너와 나의 관계 속에 달은 부풀다 사그라지고
개와 고양이는 더위와 추위를 이겨내듯 반복하면서

홍시

골목길 담 너머 빨간 등에 눈빛이 휘둥그레진다
어둠 속에서 반쯤 상기된 비비추가 불빛에 살을 그을린다
푸른 가지에서 나와 봄을 굴리고
끈적한 길에 누르스름한 빛깔로 몸을 우려내고 있다

잎도 없이 꽃망울은 터지지 못하고 구멍 난 잎이 고개를 넘어갈 즈음
그늘 앞에서 입술이 달싹거린다

내 몸에 햇살을 보여줘
푸석한 얼굴에 구름을 바르면 달착지근해질 거야
떨리는 음색으로 노래를 불러줘
배롱나무 껍질처럼 반질해질 거야

질 때 지더라도
밤새 떨며 호흡을 다한 홍등의 여인,
얼굴에 분을 칠하고 붉은 드레스를 입고 누군가 기다리고 있다

케어 시설

당신을 보살펴 드립니다 갈 곳 없는 분 재워드립니다 손가락이 되어드립니다 발가락이 되어드립니다 울어드립니다 웃어드립니다 먹여드립니다

다시 태어나게 해줍니다
당신의 맥박이 되어드립니다 심장도 두근거리게 해줍니다 사랑도 대신 해드립니다 갈 곳 없는 당신을 운전해드립니다

길에서 헤매지 마세요
휴양지에서 다리가 되어드립니다 비를 맞아도 젖지 않을 것입니다

당신을 안아드립니다 만져드립니다
가실 날을 아십니까 죽어드릴 순 없습니다 대신 편히 갈 수 있게 조력의 역할을 합니다 죽으면 손을 잡아드릴게요

나무에 생기가 돋아 주위에 온통 잔디가 푸르러질 것입니다

귀

고흐가 내게로 온다
어둠에서 짖어대는 고요를 듣기 위해 내게로 온다

밀러의 대지의 노래와 랭보의 바람 부는 소리
골방에서 가난을 삼키는 소리
먼 기적 같은 다듬이 소리
칼로 천둥 가르는 소리
햇빛이 창살 틈에 배어 나오는 소리

문을 닫고 캔버스에 붓을 칠했다

당나귀를 사랑한 백석은 밤에 오지 않을까
낙타의 등을 타고 온다더니
저 멀리 상여 메고 곡하는 어르신을 따르던
아이는 뱃속에서 밤낮으로 배를 찼다

지하철에서 동전 그릇 내미는 아저씨
흘러내리는 젖을 빨아 먹는 아기

어둠에 문이 닫힌 달팽이는 갈 곳 없어
물끄러미 나에게로 왔다

이 모든 웅얼거림을 닫아 편안하신지요
빈센트 반 고흐

마술에 걸린 혹

마술사는 여인을 마법의 상자에 넣고 칼을 휘두른다
여인이 마법의 상자 안으로 이동하면서 푸른 죽음을 연기한다
마술사는 여인이 누워 있는 상자 안으로 칼을 찔러 넣는다
공간을 휘저으며 찔러대며 칼춤을 추고 있다

엉덩이 부분과 허리 부분을 툭툭 건드리고 웃는다
검은 천을 휘날리며 칼은 들락날락 요동을 한다
칼을 빼자
순식간에
상자와 상자 사이는 반으로 나누어지면서 어두워진다

잠에서 깨어나 숨을 죽이던
상자 안의 여인은
언제 그랬냐는 듯 꽃처럼 살아나온다

마법의 상자 안에서 나온 여인은
봄 마중 가려다 치맛자락을 돌리며 외쳐본다

상자 안의 겨울은 혹독한 고문이야
저 속의 불빛은 열망,
두드러기가 핀다
너의 머리에 핀 도깨비
들락날락 마음 안과 밖을 넘나들며 의문을 품는다

부탁해요 곡절 씨

흙무덤이 있는 묘소를 백 년 만에 찾았다. 무덤이 등을 돌리고 있다. 뼈도 살도 없는 무덤 앞에 절을 하였다. 패인 옆구리에 잡풀이 조용히 웃었다. 입술을 적시었다.

살아생전 아버지가 몸을 긁적일 때 어머니가 잔소리하던 기억. 이상한 음식을 먹어도 가렵고 찬바람 불어도 가렵고 툭하면 쓰러지곤 해. 외출하기 겁이 나, 살이 빠지기 시작해. 탄력도 떨어지고 웃음도 줄어, 잠자고 있는 붉은 피는 도사리고 있어, 가을볕이 타듯 몸에 발진이 나. 호흡을 크게 쉬면서 몸부림치고 있어. 토하고 나면 정신이 들어, 그리움도 외로움도 몸 안에 스며들어

바람 불면 부는 대로 잔풀이 자라면 깎아주고 흙이 모자라면 채워주고 무덤에 따뜻한 물이라도 넣어줄게. 얼굴에 햇살 듬뿍 발라드릴게. 무덤은 자식 지켜주는 등불이잖아. 늦게 찾아온 딸, 용서하지 마.

분홍색 잇몸은 이와 사랑을

뿌리를 만지작거리며 잠을 설친다
나무속에 침을 넣어 수액을 빨아들인다
곳곳에 자국을 남기며
잇몸은 부풀어 오른 살을 향하여 밀려나고
물이 차오른 곳에서 유영하다
간지럽힌 그의 이,
놓을 수 없는 외침이다
오래도록 엉켜 살던 거미처럼
줄을 풀어헤치고
붉은 열대야의 빛은 물들어 간다
화살을 쏘고 과녁을 향하여 울부짖은
엇갈린 운명,
뼈 없이 골짜기만 헤매다
계곡에서 빠져나와
갈 곳을 잃어버린 분홍빛 눈물,
아직 치러야 할 아귀
앙,
이별을 다물고 있다

물이 서럽다

산에 오르면 오를수록 가늘어지는 붉은 물줄기,
오부 능선 깔딱고개에서 근원인 나의 샘이 말라 바스락거리는 낙엽 소리를 낸다

밤 그늘 틈새로 초승달이 지나갈 때면 이부자리 속에서 혼자 깊어진 물 찬 허리에 누워 흔적을 감추었지 그러면 달빛은 창문을 열고 몰래 들여다보았지

어느 날이었을까
쓸쓸히 얼어 있는 나에게 여우비처럼 찾아와 가끔 단비를 주기도 하였으나 황폐한 땅의 연못을 지나 산중턱에 다다른 것을 눈치채었을까

아래로 아래로 흐르는 강이 아니라 연어처럼 위로 오르고 올라 본령으로 회귀하는 때,
물끄러미 바라보다가 저녁나절 먹은 포도주에 몸을 적시어 기다리고 있었지

드디어 가을이 되고 겨울이 되어야 하는 끄트머리,
떨면서 찾아온 반가운 그 손님,
큰 바다에 홀린 듯 떠날 듯 말 듯 홍해를 건너려고 배를 찾지만 아직도 마르지 않는 몸속의 물이 반갑더라
간다고 서러워하더라

광장시장

다닥다닥 붙은 시장골목, 털이 짖는다
좁은 통로에 발들이 엉킨 털은 윤기가 난다
털들이 시위하며 노려본다
오리털, 여우털, 개털, 너구리털, 토끼털
시장에 온 사연의 꼬리에 꼬리를 털고
땅을 건너 물을 건너 사람에게 털이 건너간다
눈알이 박힌 채 산 죽음으로 목에 걸치기 위해 벌을 서고 있다
붉은 여우가 이리저리 손짓한다
얼마나 등이 패인지 아는가
울지 않는다
부엉이 날개 너머 저항할 수 없는 존재
순록의 눈동자보다 더 처연하다
총을 겨눠도 똑바로 설 수 없는 절름발이의 피폭처럼
영혼 없는 도깨비가 펄럭인다
차라리 뜨거운 프라이팬에서
통으로 삶아 속살 가리고 나오는 오징어가 낫겠다
몽둥이로 맞고

골목 귀퉁이에서 털이 명찰 달고 발길질 당하자
행인에게 팔려가겠다고 한다
알래스카 초원에서 털이 우왕좌왕 몰려다닌다

서열

집에 검정 토비 한 마리가 나중에 들어와 살게 되었다
순디에게 항상 먼저 밥을 챙겨주고 보살폈다
토비는 순디가 먼저라는 것을 알지만, 토비는 힘이 세다
처음에는 받아들였다
나중엔 슬슬 약이 오르기 시작했다
토비가 힘이 세다는 걸 보여줘야지
밥을 먹는 순디의 궁둥이를 발로 차고 물었다
순디는 잽싸게 그녀의 품에 안기어 선처를 호소했다
어, 녀석 봐라
나무의 그늘에 안기다니 햇볕 좋은 마당에서 붙어보자
엎치락뒤치락 이빨의 성능을 보여주자
동물의 세계에선 힘이 센 자가 제일인 것을 몰랐다
싸움을 말리기 위해 토비에게 먼저 밥을 주고 산책을 시켰다
식물은 무리 지어 있으면 낮춰도 아름답다만
일인자 없는 곳에서 이인자는 약자를 또 얕본다
부수고 던지고 물건을 박살내서 힘을 보여준 관계,
나와 별반 다르지 않다
서열은

당과 기업 연봉과 백화점 상표에 존재하고
아파트 층수와 학교 문패와 무덤에도 정해져 있다

기침과 콧물 사이

무심하게 흘러간 너는 여름을 보내고
파도와 바람을 이겨낼 준비를 하고 있다

손도 발도 떨림도 다 가졌거늘
한파의 기침쯤이야

수십 년 해초와 바위와 부딪치며 이겨낸 굴 껍데기처럼
겨울과 맞서 싸우는 것은
식은 커피 마시는 일과 같은 것,

바다가 깊어 파고드는 쇳소리라 치자
순간 정적을 깨는 소리일 뿐
잠시 눈 한번 크게 뜨고 놀랐다 치자
바닷물은 언제든 밀려들다 사라지는 것일 뿐

주책없이 흐르던 콧물을 닦는 것처럼 너를 뒤돌아볼 일
하,
어느 세월에 저 많은 열이 철철 거리고 있던가

아직도 부드러운 잇몸으로 넘어가고 있는가

흘러서는 안 될 소리가
넘쳐 보이는 듯 안 보이는 듯 사라져도
무심한 듯 고결한 듯 헤픈 듯 거리로 나온 말들이
용케 너와 나 사이사이를 뛰어가고 있다

궁전의 미아

폐허가 된 궁전은 전쟁터인 줄 영화촬영지인 줄 알았다 간간히 부서진 벽과 창문 틈으로 나는 유물처럼 들어간다 골목과 골목 사이에서 성스런 예배와 성도들의 음악밴드를 훔쳐 듣는다 왼쪽으로 나가면 오른쪽이 나오고 오른쪽으로 나가면 왼쪽이 나오는 성냥갑 미로 속에 내가 서 있다 어느 쪽에서 있어야 동쪽이 보이는지, 성인의 발가락을 만지면 소원이 이루어진다기에 부지런히 발을 문질렀다 어리석은 기도를 되풀이하다가 궁전에서 빠져나왔다 재래시장에서 체리를 먹고 살구를 먹고 난 다음 그저 뿌리 없는 너의 발을 만지는 것처럼 조바심이 났다 아무 느낌 없는 찬양처럼 왕이 살았던 궁전이거나 학살했던 노예들의 수용소일 뿐, 거대한 궁전과 벽과 벽 사이의 길에서 잘 먹고 잘 살았던 왕과 왕비와 신하들과의 공중분해였으리니 그러다가 디오클래시안 궁전의 성당 종소리는 그들 사이에 재현되는 신의 목소리로 멀리서 들리다 말다 사라지겠거니 행여 미아처럼 몸 하나 잃어버릴까봐 버려질까봐 전전긍긍하며 돌고 돌던 미로의 궁전 앞이 낯설다

음표의 사계

크로아티아 광장, 기타리스트의
봄날엔 알함브라 궁전의 음계를 뜯으며 눈썹이 올라가고 손가락은 떨고 있어
갈라진 손톱은 회를 치듯 흥분의 서곡이 시작되었어

한낮의 여름은 높은음자리 천둥도 튕겨야 하고 낮은음자리 바닥도 치는 굴곡의 마디야

낙엽이 마디 앞에 떨어질 땐
울먹이는 흐느낌으로 한 옥타브 올려서 도약을 하였지

눈발이 날리는 추위에
지휘봉은 빨라지고 손끝에서 가까스로 미끄럼을 타고 있었지

무릎에 얹어진 머리와 몸통과 꼬리,
어느 것 하나 버릴 것 없이 고개를 들어 소리 낼 일이 남아 있더군

사과의 멀미

날마다 담벼락 높은 집을 기웃거린 새가 있다
입을 오므리고 똥구멍을 들고 발톱으로 머리를 긁었다
뇌의 바퀴를 굴리며 헛발질한다
유리를 자주 찍으면 살이 부서질까
먹이라도 던져주면 창에 지직해놓고
미끼를 던져놓은 주머니, 낱알 채우기에 여념이 없다
얕은 심지로 불을 밝히려 정수리에 기름을 부었다
거짓이 솟아나는가 하면 다시 혼탁해진 우물,
가다 지친 길에 쉼표를 찍고 계단식 탑에 힘을 빼고 걸어 다닌다
문밖에서 붓으로 그려진 집을 그윽하게 본다
손을 내밀어보고 벽에 머리를 박는 일이 허다한 날들,
곰팡이 핀 골방에서 무릎보다 더 낮게 엎드려 바닥을 갈았다
바람과 바람 사이 퍼덕거리며 가던 새는
누추한 집에 비가 새는 줄 모르고 들락거려
토사를 하고, 뱃속을 텅텅 비운다

제3부

세모 신호등

배고프다구요 눈이 세모로 변한다 밥 앞에선 아픈 눈, 불쌍한 허리가 없다 그저 포식자의 이빨만 있다 밥알과 반찬이 튕겨 나가고 고추장도 멀리 달아난다 나물 비벼 먹으라고 했니 물을 비벼 먹으라고 하지 그랬니 불어터진 미역이 목구멍으로 줄달음친다 의무의 하루가 저녁을 넘는다 반성이 없는 도로 앞에 주차는 없고 정차만 있다 절대 꺼지면 안 되는 신호등, 빨간 불이 켜지기 전에 저녁상을 켜야지 세모의 불빛이 되기 전에 원을 만들어야지 한 끼에 호령하고 불복하는 30초의 신호등이 깜빡깜빡하기 전에 초록을 붙들고 줄달음쳐야지 밥을 지어야지 상을 차려야지 신호등을 살려야지

모래네 옛집

마당 가운데 멍석 펴놓고 고추를 말리던 할머니의 허리는 구부정하여 펼 수 없다. 정지 옆에 쫄쫄 흐르던 곳에 막대 집고 썰매 타던 아이는 미끄럼을 즐긴다. 세 들어 살던 소년의 장난기가 귀찮아 이사 가기를 소망하던 소녀다. 절룩거리며 쌀을 이고 나가 용돈을 마련하던 할아버지는 한량이다. 돌확에 보리 갈아 밥을 하며 할머니는 애꿎은 며느리만 나무란다. 방랑을 일삼던 풍류는 간데없고 너른 마당에 풀밭만 무성하여 떠나버린 옛날이 가고 없다. 흙 천장은 무너질 듯 기울어 있다. 밥풀 붙인 정담을 잃지 않았을 기억이지만 삼대의 땅과 집을 두고 외지로 가고 없다. 이미 큰 도시로 가버린 빈집에 거미줄과 잔풀은 지붕을 넘어 고요를 가로지른다. 가문의 흐름에 뿌리만 벌려놓고 집은 쓰러지지 않은 채 장독대 빗물은 말라붙어 있다. 아궁이에 세운 봇돌이 들썩거린다. 바람은 그 집에서 놀다 가고 없다.

기일

엄마가 아궁이에서 살아 돌아오셨다
뜨거운 줄 모르고 가마솥 속에 머무시더니
하얗게 눈을 비비고 한밤중에 오셨다
안개 낀 자욱한 길에 불쏘시개 넣어 바람을 불더니
잔가지 톡톡 분질러 세상사에 군불을 지피셨다
서로 구들장 차지를 위해 찬 방에서 발씨름하며 깔깔거릴 때
매운 연기 뿜으며 자신을 태우고 태웠다
앙상한 뼈를 발라 가슴에 넣어두고 시원하다 하셨다
나무가 타들어 갈 때마다 자식의 시름을 위해
컬컬한 먼지를 뒤집어쓰셨다
성공한 아들의 얼굴은 몸이 쇠약해질수록 보기 어려웠고
잘나지 못한 딸의 끈은 오래도록 붙들고 계셨다
뜨거운 연기 속에 탯줄같이 달아오른 연이
휘파람 되어 세상 밖을 떠돌아다닐 때
자신의 몸을 태워 버젓한 후광으로 비춰준 것을
저 빛나는 아궁이에서 활활 타며 춤을 추신 것을
제삿날, 허리 구부리고 아궁이 속에 다시 몸을 실었다
엄마는 타는 것이 즐거운 듯 웃고 계셨다

원자력 무심서

산마을 귀퉁이에 폭격이 날아들면 그런가 보다 했지
비행기가 주저앉으면 그런가 보다 했지
바닷물에 기름이 뜨면 누가 방뇨했나 했지
첨성대의 불빛이 구멍 사이로 비추면 그런가 보다 했지
둥근 원반의 접시가 몸에 침투하면 그런가 보다 했지
소년의 종이비행기가 일본에서 시골 안마당까지 날아와
숙제를 같이 풀자 했지
안전한 땅에서 위험을 모르고 천연덕스럽게
노래 부르며 방황해도 누가 나를 잡아가나 했지
원자력이란
주면 주는 대로 가져가면 가져가는 대로
무심히 지나치고 산다만
절대 안전하다고 밥 먹여주고 재워주고
뇌에 이상 없다고 진단을 내려주었지
달 밝은 밤에 비추는 호수는 안전하다 했지
경주의 다보탑이 절대 무너지지 않을 거라
필요불가침서약의 정의 교육을 받았지
무한대로 덜컹거리며 사는 당신은

새어 나온 틈에서 마시고 뱉어내는지 모른다
피가 되는지 뼈가 되는지 살이 되는지
하루하루 무심에 의지해 무심하게 건너는 무심서

주상절리

경주시 양남면 읍천리에 가면 파도가 거꾸로 밀려온다
죽음 밖에서 죽음 안으로 들어오는 물살이
머리에 똬리를 틀어서 이고 오듯 회오리처럼 몰려온다
외삼촌의 신발을 찾으러 가던 날
안경이 깨진 채 주검으로 돌아오셨다
딸의 짝을 직접 찾아 나서며 고르던 중
사위를 본다고 즐거워하며 노래 부르더니
결혼을 목전에 두고 가셨다
노역장에서 몇 푼의 옥신각신 끝에 각목에 맞아 시신으로 오셨다
딸은 보상으로 받은 위로금으로 결혼 살림을 장만했다
차곡차곡 쌓아놓은 두께처럼
책갈피를 베고 바다에 누워 있다
우연히 마주친 용왕 가운데
수천 미터의 바다로 휩쓸려간 당신이
파도를 밀며 앞에서 우는 것인가
바다 가운데 등을 켜고 솟아 있는 바위가
보고 싶다던 손주를 보러 오고 있는 것인가

새끼줄 엮어 퇴적된 바위의 설움이 켜켜이 쌓여 있는 것인가
파도는 발을 밀고 밀어 딸 앞에서
부챗살처럼 얼굴을 환히 펴고 나타났다

기타를 삼키다

호흡을 겪는다

나무통을 두드리며 터치하는 것으로 관통을 하였으나
손이 현란할수록 심장을 감싸고 맥박이 거세진다

가슴으로 안을 수 있는 기타가 당신을 품는다
내가 주는 만큼 그가 기울어 있다
스스로 다듬어놓은 칼날처럼 날카롭게 반응한다
현은 어둑한 달빛에 길을 잃는다
철로를 이탈한다

탱고도 캉캉도 전설도 로망스도 기타 연주에 동맥이 풀린다
발바닥이 돌고 강이 흔들린다
파장으로 노래를 듣고 치유의 성물을 주는 기타리스트,
그의 아픔이 공명으로 돌아온다

유리창을 넘는 흐느낌,

열 개의 손가락으로 앙망하는 자를 달래주는 저 신의 손,
횡경막을 두드린다

새벽을 듣는다

각(角)

제복에 갇힌 몸이 깃을 세운다
깃을 보면 솟구친다
어깨의 근육이 솟구치고 털의 모서리가 솟구친다
얼룩진 등에 가시를 대면 늑막을 찌르듯 깃이 선 말로 경례를 하는 사나이가 솟구친다
왼쪽으로 돌리고 오른쪽으로 돌리고 의장을 하는 다리와 팔의 깃에 코가 솟구친다
깃이 선 모자가 비뚤어졌을 때 눈매가 결을 지킨다
직선으로 다문 입이 날을 세운다
목청을 외칠 때 머리카락이 치솟는다
총 끝이 리듬을 탄다
성벽을 넘는다
함성이 철책 밖에서 웃음을 건너뛴다
수리부엉이가 머리에서 발끝까지 경계를 호령하듯 깃이 솟구쳐 달아오른다

초록의 빈병

바닥에 쓰러져 있다 바퀴 아래로 구른다 기울어진 듯 누워 있고 누워 있는 듯 갈지자의 병이 몸을 가누지 못한다 공을 대접해야 하는 지갑이 털리고 이빨이 부러지고 양복은 찢어지고 마흔일곱의 나이는 굽어지고 있다

퍽 하고 저항 없이 쓰러져 간 빈병의 그림자 새까맣다 채워져 있어야 하고 부어야 하는 드라마는 끝이 있는가

기억은 없다 몸이 비틀거린다 손이, 나도 모르게 손이 엉덩이에 간다 서로 허용하는 범위의 연극이다 안경 너머로 비친 병이 사이를 가로막았을 뿐이다

병이 초록의 청춘을 비추고, 타이를 풀어헤쳐 살아남아야 할 제도 속에 단단히 묶어야 할 넥타이가 너와 나의 관계를 물들게 한다

성벽과 성벽

고불고불 휘어진 두브로브닉 성벽 꼭대기에서 남자가 뒤에서 여자를 안고 있다 여행객을 샛눈으로 빤히 본다 동쪽에서 건너온 너는 계속 동쪽을 응시하라며 태연하게 여자를 더 당긴다

순간, 어디에서 왔니 봤어 성은 이런 거야 앞에서 껴안는 것보다 뒤에서 밀어내는 것, 물을 강제로 막고 돌로 세워놓는 것, 등 뒤에서 닿았다는 것은 성취한다는 것, 이 여자는 내 거야 앞에서 안는 여자는 고통이야 주면 달아나고 놓으면 다시 돌아오는 벽이야

높은 성의 문 안에 들어가 보았니 사이사이 붉은 지붕의 집에 빨래가 널려 있는 것 보았니 성 안에 사는 사람이나 밖에 사는 사람이나 맞추고 끼우고 엮이는 것, 그저 돌고 돌다 만나는 상자 곽처럼 다다르기 좋은 벽은 일체형이지

오늘밤 성에 올라볼까 누가 먼저 고지에 다다르나 등 뒤의 벽에게 물어볼까 시작과 동시에 끝이 보이는 벽이 있고 벽의

이중적인 틈이 있고 성은 끝이 없다 남자와 여자가 낯선 이방인에게 잔상을 보여준 지점, 성에 이르기 위해 만인불변의 강을 흘깃거리며 돌고 도는 성과 벽

골목길의 파노라마

골목에서 도망쳤다. 작은 대문에 낮은 담벼락, 좁은 골목길에 이십여 년 살았다. 골목을 떠나고 싶어 만난 지 두 달 만에 시집을 갔다. 골목이 밤마다 꿈에 보였다. 허리 구부리며 깨죽을 쑤어준 어머니, 안경 너머로 신문 보며 자식을 키우신 아버지, 이승으로 떠난 뒤 골목은 잊혀갔다.

집 없는 아이처럼 바깥으로 돌다가 삼백 년이 지난 뒤 찾았다. 골목은 시절을 긁으며 장승처럼 지키고 있다. 문틈으로 보인 대문과 이층 장독 난간에 녹이 슬고 화단에 수국만 웃고 있다. 골목 끝에선 집 떠난 처녀를 기다렸다. 들어갈 수 없는 집, 돌아갈 수 없는 뿌리가 마당에 있다. 푸른 이끼가 군데군데 돋아 있다.

골목에서 삼십 년을 어기적거리다가 영자 엄마를 만났다.
거짓처럼,
묘지에서 걸어 나와 해당화 핀 자리에서 영자를 불렀다. 골목이 울었다.
환호했다.

골목이 손을 내민다. 도주하듯 달아난 처녀가 골목이 되어 골목을 기웃거렸다.

빈손

아버지가
고개를 저으시며 봉투로 가셨다
하얗게
창문 틈으로 들어온 햇발 쪼이며
마른 번데기처럼 오므린 채 봉투 속으로 가셨다
이 벽과 저 벽이 한 장 차이
이쪽에서 보면 살아 있는 것처럼
저쪽에서 보면 눈을 감는 것처럼
아무 경계가 없다

장례를 치르고
가족들이 모여 앉았다
장례식 후 정리를 하고 나머지 봉투는 어머니에게 드렸다
큰며느리가 갑자기
우리도 힘들었어요
옷 한 벌 사 입게 삼십만 원이라도 주세요 소리쳤다

빈 봉투, 삼백여 장 가지고 집으로 돌아왔다

아버지는 사각의 상자에 누워 사각의 빈 봉투로 가셨을까
봉투에 적힌 이름을 노트에
빽빽하게 적어 보관하였다

살아 있는 나는
빈방에서 빈손으로 빈 봉투를 바라보았다

뻘

영종대교 밑 바다의 살을 만져본다. 갈비뼈 앙상하고 콩팥이 들썩거리고 털까지 드러낸다. 차라리 수평에 닿아 있는 붉은 석류 만져보고 말 것을

신발을 벗고 가면을 벗고 속살 보니 더는 흐를 곳이 없다. 갈라진 혀처럼 하얀 백태가 끼어 해에게 손짓하자 혀와 혀 사이의 핵이 조금씩 오므라든다.

일몰 전의 몸이 서서히 잠식된다. 느리게 밀려온다. 물이 뼈를 감쌀 때까지, 머리핀 빼고 목도리 풀고 향수를 뿌리자마자 뼈는 밀리고 밀려 아랫도리 드러낸다.

빠져나간다. 고양이처럼 등과 허리의 곡선이 절창이다. 호흡을 쓸어내리며 신음한다.

해가 혀를 문다. 목젖이 보인다. 오래 넘을 것이다. 오래 침묵할 것이다. 오래 기록할 것이다.

깨를 볶다가

깨가 무수히 사막에 박혀 있다
몽골에서 모래가 밀려온다
젊은 시절이 훌쩍 흐른다
강 건너 나룻배 구경하듯 오랫동안 무심히 흘려보낸다
오늘은 맘먹고 깨를 볶자 지구 밖에 있는 남자가 달려든다
물에 씻어 조리로 일어 채반에 물기 빼고
프라이팬에 넣으니 바닥으로 천장으로 튀어나가 몸을 뒤튼다
싱싱했던 모래가 썰물로 빠져나가 말을 듣지 않는다
밤새 볶아도 싱싱하더니 더 저을 수 없다고 손을 놓는다
파도를 밀고 오던 소사나무 근육처럼 꼬아버린다
깨를 볶든 기름을 짜든
파도는 조개를 부수고 지구는 바깥에서 맴돌고
궁둥이 맞대고 깨를 주물럭거린 바람이 이파리를 재운다
주름진 고비의 마디에서 모래 엮는 일이 간지럽다
지구를 몇 바퀴 돌아야
마른 자작나무처럼
만나야 하는 정결이 오목교에 있을까
별똥 쏟아지는 그날,

티베트 사자의 문

당신은 기어이 떠나시렵니까
태풍의 눈을 솥에 넣고 밥을 안쳐야겠어요
빗물을 받아 차지게 맛을 내어야겠어요
약해져 가는 이로 씹을 수 없으니 꿀이라도 발라
눈물 밥 지어 올릴게요
땅과 땅 사이에서 맴돌며 바깥을 두드리던 매미처럼
고요에서 살던 흔적을 기억할게요
시침은 오른쪽으로 간다지만
분침이라도 왼쪽으로 돌려져 있는지 살펴볼게요
고두밥이 된 마른 알갱이처럼 말라 가는 당신
굳어버린 밥을 햇볕에 말려
구수하게 끓인 누룽지라도 먹고 가시면 안 될까요
강풍에 잃은 시계라도 찾으러
한 바퀴 돌고 오시면 떨어진 거리만큼 가까이 있을게요
티베트 염정의 문앞에서
고개 저으며 눈을 돌리시더니
이 벽과 저 벽 사이에서 울리는
종소리, 듣고 계시는 건가요

끝내 가시려거든 풀다 만 옷고름 여미셔야지요
왼쪽과 오른쪽의 간격이 멀지라도

객기

산제비나비는 이 꽃 저 꽃 꿀을 찾아 날아다닌다. 작은 꽃에 잠시 왔다가 금방 자리를 뜨고 큰 꽃에는 궁둥이를 들고 구멍 속에 침을 바른다. 하늘을 향해 있는 날개는 소리 지르며 입을 오므린다. 한 남자를 줄기차게 쫓아다닌 여자는 더는 울기 싫다고 떠난다. 내가 아니면 보살필 수 없다고 간절히 밥을 먹이고 물을 먹일 땐 잊고. 날개를 파닥이며 밭에 앉으라며 자리를 내주던 아량은 어데 가고 없다 피곤하다 힘들다 울기 싫다 품어줄 수 없다고 꽃잎을 닫는다. 오래 머무르지 않는 나비는 사라진다. 서쪽에 갔다가 언제 올지 모른다. 개망초라도 옆에 있으면 찾아 기댈 텐데. 새며느리밥풀에게 밥을 얻어먹자던 꿈은 사라진다. 햇볕에 말린 날개를 함백산 만항재의 나비에게 맡기고 그 자리 또 떠난다.

제4부

서천 동백

불같은 연기에 피지 못하고 오므린 사춘기 소녀야, 여인으로 가는 길목이었잖니. 꽁꽁 싸매던 붕대를 풀어놓을 때 되지 않았니. 하루에 몇 번씩 브래지어 입고 풀고 하던 열세 살 소녀가 불같은 연기에 질식하였네. 푸른 청춘은 말라버리고 꽃잎은 오므린 채 멈추었네. 수백 년에 걸쳐 자라온 동백은 입을 다물었네. 굴뚝이 소녀를 얼어붙게 하네. 어제 찬란했던 소녀의 젖멍울은 더는 자라지 못하고 그 자리에 머물렀네. 포구의 배가 서럽게 울면서 떠나가네. 동백과 화력 발전 사이에 벌어진 틈을 바다 그물은 메워줄 수 있을까 소녀의 부푼 가슴을 막은 연기의 굴뚝은 사연을 대변해줄 수 있을까 봄에 적신 꽃물이 색을 잃어간다네 검게 그을린다네 그녀가 그 자리에 벙어리로 앉아 있다네

양복 깃의 배지

스승의 훈장이 햇살 아래 빛이 납니다.

사촌 형이 사다 준 꽃신을 신고 여자아이로 놀림 받으며 수줍어했습니다. 엄한 아버지 얼굴을 평생 삼 년밖에 볼 수 없었습니다. 홀연히 사라진 아버지 그늘은 쓸쓸했고 강인한 어머니 밑에서 푸른 시절이 앙상했습니다. 안경은 코밑으로 비늘처럼 흐르고 몸은 약골로 이유 없이 말라갔습니다. 이제 나이 들어 틀니를 해야 하니 이가 없어도 웃지 말라며 입을 가렸습니다. 칠십 평생 질마재 마을 아래의 기운을 받아 숭배하던 미당의 뒤를 쫓아 홍분을 가라앉히지 못하고 여기까지 왔습니다. 묘지 앞에 술을 따르며 자신의 백제시에 상징을 태운 지 반백입니다. 백제시대 금관과 귀걸이와 탑에 계백의 칼을 얹으며 오십여 년 은막의 뒤에서 마술 부리는 연금술사가 옆에 있습니다. 풀에 맺힌 이슬처럼 깃에 문화훈장이 붙여지자 평생 별을 주물럭거린 사례로 위로의 잔이 건네집니다. 폭포처럼 격하게 때론 몸부림치며 언어를 깎습니다.

물이 깊은 파래 소(沼)에 빠져보아라. 실타래를 풀어보아라. 날것으로 먹지 말고 이미지 만들어 관을 씌워라. 비틀고

비틀어라.

깃의 별 한 닢,
황금빛 훈장이 이마에 그어진 주름보다 짙게 번쩍입니다.

그릇의 허무

쌀을 씻어 솥에 안치다
몇 달 동안
무 같은 허무를 들고 쩔쩔매었다
허무로 리모컨을 누르고 허무로 가방을 고르고 허무로 옷을 입었다
허무에 갇힌 침대에 뒹굴며 빈둥거렸다

헛되고 헛되어서 헛되었다

선자(選者)에게 물어볼까 어떻게 하면 요리를 잘 하는지
입안에서 샌드위치를 몇 번 씹어 넘기는지
밥은 꼭꼭 씹어 삼키는지
유산소 운동은 몇 분 하는지
김치에 청각을 넣는지 황석어젓을 넣는지
장 담글 때 물은 어느 정도 넣는지 햇빛은 얼마나 쏘이는지

나는 허무와 허무 사이에 핀 씀바귀를 따서
허무의 그릇에 담아내었다

사기그릇에 담은 허무의 요리는 맛이 어땠을까

짜거나 싱겁거나 쓰거나 비릿하거나 시금털털하거나

열쇠

열쇠가 없다

허둥지둥 가게와 스포츠센터와 버스 타던 곳을 두리번거리며 오던 길 가본다

열쇠는 문을 잃고 구멍을 잃고 어미를 잃고 어디에서 헤매고 있을까

습관처럼 옷을 입고 가방을 메고 신발을 신고, 문에 맞는 구멍을 찾아가기 바쁜 날들, 이리저리 모양을 바꾸어가며 뛰어 다닌다

밟힌 열쇠는 쓸모없는 물건으로 전락하고 왔던 길 찾아갔을 때

그 자리에 잃어버린 기억이 덩그러니 있다

바람이 스산하게 불던 날

구석에서 잘려나간 손톱처럼 안에서 놀던 아이 세상으로 나가기 전,

태아의 핏덩이가 지워진 적 있다

아이는 있었고 나중에 아이는 칼에 찔렸지만 처음부터 없

는 것처럼 잊고 살았다

존재는 있다가 없다가 사라지는 것

지나간 시간 다시 들여다보았을 때
잃어버린 것은 열쇠가 아니라 나의 구멍이었다

산속의 집에 의문이 산다

강원도 산속에 백만 년 전의 내가 있다 무너져가는 지붕과 사람이 살 수 없을 것 같은 안채에 발을 들여놓았다 백 년 전과 현재와 백 년 후가 놓여 있는 가구들이 널려 있다 어디에 눈을 멈추어야 할지 몰랐다 안방의 벽지에는 붓으로 사조라는 글씨가 크게 있고 그 안쪽의 방엔 컴퓨터와 앰프가 있다 그 안쪽의 벽에서는 곰팡내가 났다 한쪽엔 드럼과 정수기가 있고 가스레인지와 그릇이 빼곡히 있다 찬장엔 산복숭아, 질경이, 매실이 유리병에 효소라고 적혀 있고 걸쭉한 액이 우려 나오는 중이다 한참을 지나도 알 수 없는 물건과 의문이 집에 더덕더덕 붙어 있다

이 집에 사는 부부는 수려한 미남미녀다 아이가 없다
젊은 부부가 깊은 산속까지 와서 사는 이유를 물을 수 없다

바비큐 장에 와인이 있고 솥뚜껑 아래에선 옥수수와 감자가 포일에 묶여 구워지고 빗소리는 콩팥까지 울리어 오줌이 마려웠으나 버리고 싶은 말들을 참는다

젊은 남녀가 깊은 산중에 들어와 살아야만 했을까 의문의 의문이 꼬리를 물었지만 천둥 번개가 개의 귀를 요란하게 흔들었지만

물어볼 수 없는 무덤이 있고 벼락이 치는 이유에 말하지 못할 사연이 누구나 있다 사람과 사람이 부딪치지 않고 사는 것이 이편저편 가르지 않는다 간혹 열 명 중 한 명이 호미로 가슴을 파는 일이 있다 묻지 말아야 할 민둥산이 있고 벗겨지지 않는 이끼가 있다 까맣게 붓으로 칠해진 벽에 묶어놓은 숯덩이가 의문부호처럼 걸려 있다

밥과 무덤

점심을 한참 넘긴 뒤에 한상차림을 받는다

끼니를 거른다는 것은 눈을 늘리는 것, 허기를 느낀다는 것은 생각을 사납게 하는 것

삼백여 가지 한정식에 눈이 휘둥그레진다

이름도 알 수 없는 음식의 맛을 느낄 사이도 없이 폭풍흡입 하고 나자 무덤이 눈에 보인다

경치가 배보다 앞서 눈이 호위를 누리는 사이 지식의 거리는 파업한 상태다

경주의 무덤은 거대한 공룡의 알처럼 둥그렇고 호화롭지만 내게 다가온 것은 배부른 자의 폭식일 뿐

누가 저 배의 양식을 채워주었나 누가 푸른 잔디의 때를 입혀주었나

나와 상관없이 부풀어 오른 무덤은 소갈머리 없는 뚝섬보다 높은 공갈처럼 보이니

밥과 무덤 사이 고봉으로 가득 찬 밥그릇만 보이니

먹지 못해 오래 굶은 누런 달의 부황처럼 보이니

욕지도 다리

실컷 섬에 가서 욕지거리하리라 맘먹었다 맘에 쌓아둔 온갖 쓰레기를 치우리라 맘먹었다 저 산과 산을 이어주는 출렁다리 아래 바다에 실컷 퍼부으리라 맘먹었다 아슬하게 욕이 흐르고 땀도 흐르고 여름도 흐른다 똑바로 맘을 잡지만 출렁다리 위에서 온갖 균등하지 못한 억울함이 비렁길 아래로 흐른다 욕지거리하자고 벼랑 아래 내려다보니 아찔하게 끝도 없이 펼쳐져 있는 비취빛 바다는 여간해서 흔들리지 않는다 꿈적하지 않는다 파피용이 감옥의 귀퉁이 파고 탈출하는 장면이 푸른 감옥인가 울어도 소리 질러도 표시 나지 않을 천국이 여기던가 천신만고 끝에 닿은 바위절벽에 그냥 갈 수 없다 오줌으로 영역표시를 한다 욕을 보인 뒷모습은 새로운 탈출구를 향한 질주로 한바탕 자지러지게 퍼붓고 욕은 낭떠러지로 사라지고 안개로 덮인 출렁다리만이 증언을 대변해준다

사자(死者)가 와서

돌아가신 할아버지 첫 생신에 가족이 모였다

봉안당을 청소했다 당신이 그대로 있었다
당신이 쓰던 안경을 바로 놓았다 틀니도 있다
큰절하기 위해 무릎을 꿇었다

사자는 웃으면서 반겼다

저녁이 되었다
장어와 간재미 무침과 막걸리를 마셨다
술이 술을 먹고 말이 말을 먹듯 속내를 보였다

사자의 얼굴이 일그러진다

그간 참아 온 말들이 벽을 오갔다
어머니가 며느리 때문에 사자가 일찍 가셨다고 했다
성격이 그러니까 오래 살지 못했다고 며느리도 항변했다
듣고 있던 동생이 벌떡 일어섰다

성격 운운하며 며느리가 할 소리냐 막말하기 시작했다
시옷과 니은이 벽에 회오리쳤다
삿대질과 큰 소리가 창에 부딪혔다

다시는 보지 말자

허공을 깨고 벽을 치고 꽃잎이 순식간에 흩어져 뿌려졌다

사자가 와서 끌끌 혀를 차고 돌아갔다

발가락이 햇살을 물 때

나의 가장 못생긴 신체 중에 기둥을 받쳐주는 모퉁잇돌이 숨어 있네
어두운 곳에 있어 축축하다 외쳐 봐도 더운 곳에 있어 뜨겁다고 소리 질러도
무게를 감당하며 숨 벌린 곳을 일으켜 세워주네
역할이 없어도 묵묵히 받쳐주고 살점 하나 떨어져 발톱 패일 때
소리 없이 울고 있네

봄에는 발등에 벌뉘를 불러 비좁은 틈을 쪼이고
여름엔 슬리퍼 사이로 고개를 내밀듯
자식과 떨어져 사는 엄지의 서러움을 새끼는 대신 아파해주네

강아지 눈뜨는 날,
촘촘히 작은 숨구멍으로
햇빛을 바라보는 발가락이 모서리 진 곳으로 자꾸 꼬물거릴 때

나도 구부러진 발을 펴본다

추운 골목길에서 차가운 시멘트에 발가락 오므린
신발창이 뜯어져 해를 물고 걸어 다닐 때 물집을 터트리네

구석진 곳에서 묵묵히 햇살에 씻긴 발은
언제 별이 들 줄 알고 있을까

유혹

지갑이 거리를 방황한다

포장마차에서 술에 취한 지갑이
뺨을 맞고 양복이 찢긴 채 비틀거린다
넥타이를 풀고 옷을 벗은 지갑이
높은 빌딩에서 빠져나오자 검은 손이 유혹한다
지갑을 잃어버린 줄 모르고
불빛에 기대어 홍청거리다가
골목을 휘젓다

지갑은 가족을 잃어
밤이 슬프고 낮이 무섭다
홀로 마시는 빵과 물로 차지 않는 허기가 두렵다
빌딩 숲에는 넘어야 할 문턱이 많아
돌고 돌아도 제자리다

텅 빈 지갑은
제 집으로 가는 길을 찾지 못하고

바닥이 드러날 즈음 날개는 떨어지고
길 건너 세상을 향해
고래고래 욕설을 퍼붓다가
등이 더 굽은 지갑이 골목으로 들어간다

솔로가 사는 기호

마흔한 살에 혼자 사는 남자의 하루 일당은,

여인들이 많은 인터넷 사이트 뒤지면 일당 백 원
부모 없고 친구 없는 신랑 하객으로 참석하여 사진 찍고 밥 두둑이 먹으면 일당 이백 원,
와중에 신부 친구와 눈 맞으면 일당 삼백 원,
노래방 도우미로 손잡고 허리춤 추고 밤과 음악 사이 돌면 일당 오백 원,
티브이 방청객 박수부대로 크게 웃어주고 반응해주면 그런대로 일당 천 원

짝 있는 곳, 돈 벌 수 있는 곳, 술 먹을 수 있는 곳,
발품 팔아 솔로 면하는 변칙
부지런히 살아가는 법을 당당히 말하는 솔로,
돈 벌고 밥 벌고 짭짤하게 아끼는 일당백
벚꽃 피고 수리부엉이 우는 봄날,
처음처럼 나뭇잎 술이 달콤하다

술을 들어 외칠 만큼 하루하루가 소금밥이다

팔작지붕, 그늘

어릴 적 놀던 그늘이 있다. 아득한 기와집이다. 대문과 마루와 방들이 눈 안으로 들어온다. 아버지, 어머니, 오빠, 이웃들이 대문 앞에서 맞이하였다. 왜 이제 왔느냐, 맨발로 뛰어나온다 백 년을 기다렸다. 말할 수 없는 그늘이 가까운 곳에 있었다. 도시와 빌딩을 기웃거리며 골목으로 돌아오듯 고양이가 집을 둘러본다. 콩팥에서 오줌이 새는 줄 모르고 허겁지겁 시간을 먹으며 수십 년 동안 뒤도 안 보고 걸었다.

'그대로 놓아두세요' 말하듯 팔작지붕은 눈이 오면 맞고 비가 오면 새고 번개를 쳐도 백 년 동안 그 자리를 지켰다. 아이들이 떠나가도 지붕 아래에서 뜨개질하며 기다렸다. 팔작집 온돌방에서 하룻밤 묵는다. 엄마의 젖을 더듬듯이 툇마루에 앉아 밤하늘 만진다. 별똥은 일억 광년 달려 마당에 떨어진다. 시골은 어떻게든 벗어나야 한다고 도망치던 고양이가 집으로 돌아온다. 지붕 추녀가 유난히 길게 하늘을 향한다. 성당에는 가끔 남학생을 보러 드나들고 은행나무 밑에서 낙엽 뿌리며 깔깔거리던 영자의 웃음이 낙엽처럼 구른다. 마당에서 비석치기 하던 기억이 쏟아진다. 툇마루에 앉아 북두칠

성을 읽는다.

백 년 전에도 천 년 전에도 고양이가 그늘에서 팔작지붕을 보고 또 보듯이

난간에서

의자에 앉아 삼백삼십오일 숫자를 센다 천장 네모난 귀퉁이를 가로지르던 끝이 보이기 시작한다 간혹 옆을 보면서 회전의자 굴리는 고지에 다다른다 시간의 벽에 드문드문 가위질한다 도배지에 칼을 대고 자로 잰 듯 산다 바닥에 펼쳐놓고 이리저리 의자를 굴린다 벽에 풀칠하다 보니 사방에 둘러싸여 발을 빼지 못하고 바퀴처럼 사이와 사이를 옮겨 다닌다

고비마다 목을 뒤로 젖힌 전장, 떨어지지 않기 위한 모습이 구부러진 발톱의 몸부림이다 내려올 때 초라한 발자국 남기기 싫어 의자를 돌리지 않는다 거룩한 수백 년의 별똥이 떨어지듯 이젠 타기 싫어도 타야 하는 정년의 봅슬레이, 사다리 타듯 우직하게 발버둥 치며 오른 모의재판이 째깍거린다

벼랑에서 벼랑으로
아슬하게 걸친 매발톱나무의 고개를 누가 떨어뜨릴 것인가
봄이 두 번 지나가고
휘파람새는 앉은 가지에 똥을 누고 도망치듯 휘파람을 멈추어야 하는가

단추

그는 램프였다
자리에 누워 사지를 움직일 수 없다
사내가 전기에 감전되어 방에 갇혀 있다
컴퓨터에 불을 켜고 사람구경을 하였다
날마다 한 시간씩 음악을 들려주고 노래를 불러준다
목소리에 귀를 기울여준 청취자에게 단추를 누른다
침대에서 일어설 수 없는 전신마비,
혼자 힘으로 할 수 있는 것은 키보드를 누르는 것이 전부다
손으로 컴퓨터만 켤 수 있다
램프는 그를 구원해준 눈동자다
물 한 모금도 혼자 마실 수 없다
전파를 탄 자신의 목소리에 빛을 찾고 있다
작은 램프 하나 누를 힘이 없는 그는 가슴에 도구를 켜고 있다
촛불에 불을 켜고 밤새 나를 태워본 적 있는가
가슴을 데워 불 밝혀본 적 없는
나는 불구였다

개심사

해우소에 앉아 죄를 떨어뜨리고 나면

뒤가 깨끗해질 줄 알았다 하지만

산문 밖을 나서서도

냄새의 혐의는 지울 수가 없었다

해설

포르트-다(fort-da), 부재를 견디기

오민석(시인·문학평론가)

I.

김송포의 언어는 결핍의 자각에서 시작된다. 그는 자신이 전(全) 존재(whole being)가 아니라 부분적 존재(partial being)임을 본능적으로 의식하고 있다. 자신에게서 떨어져나간 나머지 반쪽 때문에 그에게 있어서 존재는 늘 결핍이다. 말하자면 그의 시는 "사라진 반달", "반만 비추고 돌아선 곡절"(「곡절」)에 대한 기억이고, 사라진 반쪽을 찾아 현존(現存·presence)으로 회귀하려는 욕망의 기록이다.

프로이트(S. Freud)의 어린 손자는 어머니와의 결별의 고통을 견디기 위해 '포르트-다(fort-da)'라는 놀이에 몰두한다. 그는 실패를 던지며 "포르트"라고 외침으로써 어머니의 부재("없음")를 확인하고, 다시 실패를 잡아당기며 "다"라고 외치는데 이것은 사라진 어머니가 다시 돌아와 "있음"을 의미하는 것이다. 아이는 어머니를 상징하는 실패를 던지고 당기면서 상실의 아픔을 놀이로 승화시킨다. 아이는 이 놀이를 통해 어머니라는 대타자(the Other)의 부재를 견뎌내며, 버려진 아이라는 소극적 주체에서 존재를 호출하는 능동적 주체로 다시 태어난다.

이 시집에 실린 시들은 이런 의미에서의 김송포식 '포르트-다'이고, 그에게 있어서 사라진 대타자 역시 어머니로 상징화되어 있다.

> 나는 가장 어두운 진흙에서 태어났어
> 보호받은 시절은 찬란했어
> 나의 음침한 시절,
> 탯줄은 이미 끊어지고 물갈퀴 저어 구멍 밖으로 나가려 했지
> 나의 존재는 어머니 가시고 희미해지기 시작했어
>
> —「연밥 사이에서 피어난」 부분

여기에서 "보호받은 시절"은 어머니와의 분리가 일어나기 이전의 시기, 즉 주체가 대타자와 완전히 통합되어 있는 행복한 상태를 의미한다. 그러나 탯줄이 끊어지면서 주체는 서

서히 결핍의 존재가 되어간다. 어머니가 가시고 나서 "나의 존재"가 "희미해지기 시작"했다는 것은 어머니의 사라짐으로 인하여 '전 존재'의 상태가 '부분적' 존재, 즉 결핍의 상태로 변이되었음을 나타낸다. 김송포의 시에 등장하는 "뿌리", "아궁이", "집" 등의 단어들은 존재의 '기원(起源)'을 나타내는 시니피앙들이며, 그의 언어는 이 근원을 찾아 헤매는 오디세이아이다. 그러나 안타깝게도 대타자 어머니는 마치 라캉(J. Lacan)의 실재계(the Real)처럼 이제는 닿을 수 없는 존재이다.

> 가서 쓰다듬을 수도 없다 살랑거리는 냄새 맡을 뿐,
> 고요히 숨죽여 우는 딸의 소리 들리는지
> (…)
> 어미는 좀처럼 입을 열지 않는다
>
> ―「회룡포 풀등」 부분

또한 대타자는 다시는 돌아오지 않음으로써 주체를 영원한 결핍과 불안과 갈망의 상태로 만든다.

> 그저 뿌리 없는 너의 발을 만지는 것처럼 조바심이 났다
>
> ―「궁전의 미아」 부분

> 뿌리를 만지작거리며 잠을 설친다

—「분홍색 잇몸은 이와 사랑을」 부분

열쇠는 문을 잃고 구멍을 잃고 어미를 잃고 어디에서 헤매고 있을까

—「열쇠」 부분

집 없는 아이처럼 바깥으로 돌다가
(…)
돌아갈 수 없는 뿌리가 마당에 있다

—「골목길의 파노라마」 부분

인용한 구절들은 하나같이 뿌리를 잃은 자의 불안을 보여준다. 마지막 인용구의 "돌아갈 수 없는 뿌리"라는 구절은 (한 걸음 더 나아가) 현재의 결핍이 회복 불가능하며, 따라서 온전한 현존의 상태로 돌아갈 수 없는 것임을 보여준다.

II.

결핍이 근원적이고 그래서 충족 불가능한 것일 때, 그것은 어떤 길로 가는가. 하나는 충족을 포기하고 결핍을 더 큰 결핍으로 몰고 가는 것이다. 프로이트가 '죽음충동'이라고 불렀던 이런 경향은 존재의 생명성을 비워냄으로써 관계의 완

전한 파괴, 즉 무기물의 상태로 나아가는 것을 의미한다. 다른 하나는 불충족을 인정하지 않고 대타자를 그리워하며 그것과의 합일상태를 어떤 식으로든 계속해서 추구하는 것이다. 프로이트에 의해 '에로스'라 불렸던 이 욕망은 다양한 방식으로 존재의 결핍된 부분을 메꾸어 나간다. 김송포의 화자들은 에로스를 선택하고 있다는 점에서 욕망의 언어를 향해 있는데, 그가 사라져 오지 않는 존재를 만나는 한 방법은 판타지를 경유하는 것이다. 다음은 그런 예이다.

> 엄마가 아궁이에서 살아 돌아오셨다
> (…)
> 저 빛나는 아궁이에서 활활 타며 춤을 주신 것을
> 제삿날, 허리 구부리고 아궁이 속에 다시 몸을 실었다
> 엄마는 타는 것이 즐거운 듯 웃고 계셨다
>
> —「기일」 부분

기일을 맞이하여 시적 화자가 만난 어머니는 존재의 기원적 공간이라 할 "아궁이"에서 "활활 타며" 현존의 완벽한 환희 상태를 보여준다. 판타지(혹은 꿈)는 이런 점에서 '소망의 상상적 충족'이다. 이 시 속의 화자는 마치 거울에 비친 자신의 이미지를 실제의 자신으로 착각하는 '상상계(the Imaginary)'의 어린아이처럼, 순간적이지만 사라진 어머니와의 행복한

조우를 보여준다.

판타지를 경유하여 사라진 대타자를 다시 불러내는 것은 용이한 일이 아니다. 대타자와의 대면이 불가능할 때 에로스의 화자는 상실한 대타자를 대신할 수 있는 일종의 대리물을 찾는데, 라캉은 그것을 "소문자 대상 a(object little a)"라고 부른다. 여기에서 "a"는 타자(other)를 뜻하는 불어 "오트르(autre)"이다. 결핍의 주체는 대문자 타자를 대체할 수 있는 다른 대상들을 찾음으로써 상실의 고통을 견뎌낸다. 그러므로 우리가 "엄마의 젖을 더듬듯이 툇마루에 앉아 밤하늘 만진다"(「팔작지붕, 그늘」)와 같은 대목을 만나는 것은 우연이 아니다. 여기에서 "밤하늘"은 "엄마의 젖"이라는 대타자를 대신하는 소문자 대상 a이다.

Ⅲ.

이 시집에는 엄마라는 궁극적인 대타자를 대신하는 무수한 소문자 대상 a들이 등장한다. 말하자면 김송포는 에로스의 시인이라는 것인데, 그는 돌아서 홀로 있기보다 관계를 향해 계속 나아간다.

> 우린 정녕 만나서는 안 되는 활화산인 걸 모르니? 뜨거
> 운 산에서 차가운 골짜기로 넘어가는 순간 너는 나에게 빰

을 후려쳤어. 너와 내가 부딪혀 체위가 뜨거워지자 지나가
던 눈발이 우리를 갈라놓았지. 웃옷을 벗고 홑겹만 걸치고
그간의 경로를 사진으로 보았지. 너의 입김이 몸을 녹이자
사방에 흩어져 있던 독이 전신에 퍼졌어. 가슴을 타고 배
꼽을 지나 밑까지 너의 손길이 뜨거웠어. 살 속으로 번지
는 너의 불길, 가라앉힐 때 되지 않았니? 내 안에 품고 가
야 할 연민이라면 부풀어 올라도 참아야지. 열리지 않던
심장이라면 두드리지 말아야지. 그동안 엉켜 있던 너와 나
의 폭발이 휴화산이길 빌어야지 왜 자꾸 불을 지르니?

—「한랭 두드러기를 만난 아침」 전문

이 시는 "휴화산"(죽음본능)이 아니라 "활화산"(에로스)인 두 주체 사이의 만남을 잘 보여주고 있다. "왜 자꾸 불을 지르니?"라는 질문은 "우린 (…) 활화산"이라는 첫 행의 고백과 충돌한다. 질문과는 달리 화자는 이미 뜨거운 불길처럼 다른 소문자 대상 a와 하나가 됨으로써 사라진 대타자의 공백을 메운다. 「물방울 여자」에서도 "폭포수처럼 달려드는 너의 질주를 받아들일 자신이 없어/처음 생경한 고백을 듣는 순간,/뿌리가 흔들렸어"라는 고백이 나오는데, 화자가 대상 a를 만나는 풍경은 이렇듯 종종 대타자인 "뿌리가 흔들"릴 정도의 격정을 가지고 있다. 이와 같은 격정은 거꾸로 대타자를 상실한 고통의 깊이를 반영하는데, 결핍의 주체는 오로지 소문

자 대상 a들을 대타자를 능가할 정도로 욕망함으로써만 상실의 고통에서 벗어날 수 있기 때문이다.

그런데 과연 이렇게 해서 대타자의 공백이 메꾸어지는가? 김송포는 대상 a를 찾는 수많은 노력들이 사실은 "오래된 그리움"(「그리움이 벽이다」)을 그리워하는 일이되, 그것이 지금은 존재하지 않는 먼 거울상 단계에 대한 노스탤지어임을 다음과 같이 고백하고 있다.

> 그리움은 그러니까 벽을 갖는 일이다 보일락 말락 아슬한 경계로 눈빛 오가는 일이다 가난을 모르던 골목길에 땅속 깊이 나는 거울을 묻어놓았다 우물 속에 별도 은하도 허리를 꺾고 부르던 노래도 다 묻어놓았다
>
> —「그리움이 벽이다」 부분

여기에서 "가난을 모르던 골목길"은 대타자를 상실하기 이전의 완벽한 합일상태를 가리키며, 그 "땅속 깊이" "거울을 묻어놓았다"는 것은 이 시의 화자가 철저하게 거울상 단계(상상계)에 머물러 있음을 의미한다. 그러나 거울에 비친 그 골목길은 이미 사라지고 없다. 그러므로 '여기'에서 '저기'를 그리워하는 일은 "벽을 갖는 일"일 수밖에 없다. 이런 의미에서 그의 시들은 '저기' 사라진(포르트) 대타자를 다시 '여기' 존재(다) 쪽으로 불러내는 시적 '포르트-다'인 것이다. 그러

나 '포르트-다'는 상징적 놀이이지 실재계를 실제로 불러내는 일과는 다른 것이다. "혈관에 피가 차 있어야 지나가는 달이 보인다는데/너는 가까워지다가 멀어졌어"(「주어와 술어의 관계」)라는 고백은 그 어떤 언어의 외교(外交)를 통해서도 궁극적인 실재에 도달할 수 없다는 고통스러운 진술에 다름 아니다. 이런 의미에서 대타자(실재)는 오직 상상으로만 존재한다. 같은 시에 "영원은 거짓이고 관계는 과정일 뿐이다"라는 선언이 나오는데, 여기에서 말하는 "영원"이란 결핍 부재의 현존을 의미하는 것이고, 그것은 실현 불가능하므로 "거짓"이라 읽힐 수 있다. 그리하여 남는 것은 대타자를 대신하는 무수한 소문자 대상 a들과의 격렬한 "관계"뿐인 것이다.

Ⅳ.

우리는 다시 근원적인 질문으로 돌아온다. 과연 소문자 대상 a들은 대타자를 대신할 수 있을까. 그것은 대타자 상실의 고통을 온전히 보상할 수 있을까. 문제는 대체물은 대체물일 뿐이며, 따라서 그것을 찾는 행위 역시 항구적인 해결책이 될 수 없다는 것이다. 그리하여 화자는 불가피하게도 부재의 공간이 "채워져 있어야 하고 부어야 하는 드라마는 끝이 있는가"(「초록의 빈병」)라는 질문에 도달한다. 그 드라마는 사실 끝이 없을 뿐만 아니라 사라진 대타자는 그것의 부재성(不在

性) 때문에 갈증의 영원한 진원으로 남을 뿐이다. “근원인 나의 샘이 말라 바스락거리는 낙엽 소리를 낸다”(「물이 서럽다」)는 고백은 이 사실을 정확히 집어낸다. 화자는 거울상 단계의 어린아이처럼 소문자 대상 a들의 이마고에 집중하다가 그것이 오인(誤認·misrecognition)임을 알아채고, 회귀불능—“그대 다시는 고향에 못 돌아가리”(토머스 울프)—의 유구한 정언명령을 받아들인다. 그렇게 되면 언어지배의 상징계(the Symbolic) 안에서 대타자를 대신하는 소문자 대상 a들을 찾는 모든 노력들은 ‘허무’한 것이 된다. 화자가 (솔로몬처럼) “헛되고 헛되어서 헛되었다”라고 되뇌면서 “나는 허무와 허무 사이에 핀 씀바귀를 따서/허무의 그릇에 담아내었다”(「그릇의 허무」)고 쩔쩔매며 말할 때, 우리는 본질에서 멀어진 유적 인간의 보편적 좌절과 고독을 읽는다.

문제는 이 모든 인식에도 불구하고 우리가 상상계에 대한 노스탤지어를 버릴 수 없다는 것이다. 이러나저러나 우리는 사라진 대타자-어머니를 그리워할 수밖에 없으며, 결핍을 견디는 것 외에 다른 방법이 없다. 시적 ‘포르트-다’는 이것을 견디는 심미적 방식이다. 앞에서 시인은 그리움은 “벽을 갖는 일”이라고 했거니와, 그리운 대상을 만나는 일은 그 벽을 허무는 일이다. 그러나 비극적이게도 그것은 불가능한 일이므로 시인은 수시로 죽음충동에 시달린다. 시인은 늘 에로스의 통로를 선택하지만, 사실 에로스는 죽음충동과 환유적으로 겹쳐 있다. 다음과 같은 대목을 보라.

> 화엄사 뒷간 가서 오줌을 갈기네 매화도 갈기고 목련도 갈기고 사랑도 갈기네 하지만 살아 있는 것은 본질뿐이라네 물 근처 철벅철벅 지퍼 열고 시원하게 내뿜는 적멸, 적멸이라니 기껏 절 뒷간에 앉아 풍경 소리나 더듬고 있다니 화엄에 오르면 화엄인가 적멸보다 화엄보다 뒷간 옆에 피는 꽃망울이 상좌승일 터
>
> —「뒤깐」 부분

굳이 프로이트를 빌지 않더라도 배설은 죽음충동의 표현이다. 화자는 배설을 통해 모든 '경계', 즉 벽들을 허물고자 한다. "오줌을 갈기네"라는 구절은 경계와 벽들에 대한 공격성의 표현에 다름 아니다. 그것은 "적멸"을 향해 있으므로 죽음충동이고, 죽음을 통해서만 상징계의 벽을 넘어 실재에 도달할 수 있다는 인식의 표현에 다름 아니다. 보라, "살아 있는 것은 본질뿐"이라는 고백을. 그리고 바로 뒤를 이어 '현상'에 불과한 "뒷간 옆에 피는 꽃망울"을 '본질'인 화엄보다 "상좌승"이라고 말하는 것을. 이는 유일하게 살아 있는 것인 "본질", 그리고 현상/본질의 모든 경계에 대한 조롱이고 공격이다. 본문의 "뒷간"을 제목에서 "뒤깐"의 된소리로 바꾸어 놓은 것도 이와 같은 정서를 반영한다. 같은 시의 후반부는 시

적 '포르트-다' 놀이가 보여주는 놀라운 에너지를 보여준다.

> 여보시게 봄 되면 얼음물 녹는다 하더니만 그간 참아 온 화산은 어떻게 처리하였소 한바탕 자지러지게 피어날 산수유가 화냥으로 변하여 환장할 노릇이었을까 나무들이 내 오줌을 받아서 나무들에게 쏟더니 다시 사막으로 갠지스 강으로 뿜어 올리네

화자는 어느새 죽음충동을 넘어 "오줌"을 "나무", "사막", "갠지스 강"들을 연결시키는 강력한 에로스의 세계로 가 있다. 이 장대한 꿈은 "화냥으로 변하여 환장할 노릇"인 광기를 보여준다. 이 광기는 본질로 가는 모든 통로가 막혔으나 그것을 포기할 수 없는 영혼이 상징계에 내미는 도전장이다. 그리하여 이 시는 이 시집의 모든 미로와 방황과 목표를 응축해놓은 듯 장쾌한 에너지로 충만하다.

김송포의 언어는 이렇듯 사라진 근원과 그것을 메우는 이마고들, 그래도 닿지 못하는 실재, 그리하여 근본적으로 허무인 세계, 그리고 이 모든 경계를 머무는 에로스적 에너지로 구성되어 있다. 그는 세계에 다양한 이마고의 실패를 끊임없이 던지고 당기면서 "없다", "있다"를 반복한다. 그리고 이 시적 '포르트-다'는 허무와 그것을 용납하지 않는 에로스의 연기(緣起)에 다름 아니다.

이 도서의 국립중앙도서관 출판시도서목록(CIP)은 서지정보유통지원시스템 홈페이지(http://seoji.nl.go.kr)와 국가자료공동목록시스템(http://www.nl.go.kr/kolisnet)에서 이용하실 수 있습니다.(CIP제어번호: CIP2016017378)

시인동네 시인선 061

부탁해요 곡절 씨

초판 1쇄 인쇄 2016년 7월 18일
초판 1쇄 발행 2016년 7월 25일
지은이 김송포
펴낸이 고영
책임편집 류미야
디자인 헤이존
펴낸곳 문학의전당
출판등록 제311-2012-000043호
주소 서울시 은평구 연서로11길 7-5 401호
전화 02-852-1977 팩스 02-852-1978
전자우편 sbpoem@naver.com

ISBN 979-11-5896-266-1 03810